BURKHARD ÖHLRICH

Nur gereimt

Herstellung und Verlag: Books on Demand
GmbH, Norderstedt
ISBN: 978-3-8391-7975-8

VORGEDICHT

Ich quälte reimlich manchen Gast,
auf Feiern und auf Festen.
Werd heut geführt als Dauerlast,
es kam schon zu Protesten.

Doch kneifen wär nicht meine Art,
hab schließlich viel zu sagen.
Nun wähl ich halt 'nen neuen Part,
mein Reim zum Volk zu tragen.

Es mündet jetzt in den Versuch,
der Leser mag entscheiden.
Ich schrieb für alle dieses Buch,
wer zahlt, der soll auch leiden.

Jeder Mensch auf seine Weise,

äußert sich, wie's ihm gefällt.

Der eine laut, ein andrer leise,

plappert sich durch diese Welt.

INHALT

DER KLEINE DICHTER

Ich bin ein kleiner Dichter,
die Reime bei mir schlichter,
im Wortspiel rechte Nöte,
ich heiß ja auch nicht Goethe.

Ich wähl 'ne andre Form,
wie dereinst schrieb der Storm.
Mein Dichtwerk klingt viel stiller,
als das von Friedrich Schiller.

Und weckt ich doch Interesse,
wie damals Hermann Hesse,
wär sicher ich für Heine,
ein Großer, nicht der Kleine.

Würd spotten in meinem Satz,
wie's konnt der Ringelnatz,
der witzig ohn' Gepfusch,
schrieb wie der Wilhelm Busch.

Wär schön, wenn ich erahne,

wie's tat der Herr Fontane.

Dann klänge mein Gedröns,

so blumig wie bei Löns.

Möchte geben manchen Heller,

dicht ich wie Gottfried Keller,

wie Lessing, Günter Grass,

doch leider fehlt mir was!

Nun Schluss mit Lamentieren,

mein Ducken, dieses Zieren,

geb einfach weiter Gas,

denn Reimen macht mir Spaß!

MUTTER

Rauh Deine Hände, sie liegen im Schoß,
Du schaust auf die Kinder, die lange schon groß.
Siehst Enkel sich balgen, ums Steinchen aus Holz,
Dein Lächeln verrät, dass Du glücklich und stolz.

Weiß Deine Haare, sie leuchten im Licht,
unermüdlich Dein Schaffen, übtest häufig Verzicht.
Deine Liebe erfahren, die vom Herzen so rein,
lässt Freude verspüren, ich gedenke gern Dein.

Mutig im Wesen, Deine Treue so wahr,
ehrlich im Streben, mit Verstand hell und klar.
Weitsicht und Güte, mit dem rechten Instinkt,
wie nur Mütter es richten, was im Chaos versinkt.

Mutter, Du Liebe, ich bin Dir so gut,
vertreibst meine Sorgen, machst wieder mir Mut.
Will ewig Dir danken, für Dein stetes Geleit,
gestern und heute und die folgende Zeit.

LASST BLUMEN SPRECHEN

Ich liebe gelbe Rosen,
die roten noch viel mehr.
Mag Nelken und Mimosen
und bunte Wiesen sehr.

Ach, wenn ich recht bedenke,
sind Blumen fürs Gemüt,
die herrlichsten Geschenke,
wenn sie grad frisch erblüht.

Man reiche sie zur Ehre,
und Gruß dem Jubilar.
Der Lieb, die ich begehre,
auf ewig immerdar.

Last Blumen für uns sprechen,
die Trübnis weicht dahin,
für uns die Herzen brechen,
dass ist der tiefre Sinn.

Schenkt Sträuße für den Frieden,

streut Blüten einer Braut,

damit auf Erd hernieden,

kein Gräuel uns mehr graut.

PANTOMIM

Beredt die Hände, sein Gesicht,

ein Augenpaar, das lebhaft spricht.

So äußert sich, ganz legitim,

nur allzu gern der Pantomim.

FRÜHLING

Zarte Pflänzchen strecken munter,

ihre kleinen Häupter vor.

Jetzt wird alles wieder bunter,

was die Erd im Herbst verlor.

Frühe Nebel bald schon weichen,

denn die Lüfte werden mild.

Vöglein durch die Äste streichen,

rege zeigt sich Has und Wild.

Quellen sprudeln, Bäche fließen,

alles ist vom Eis befreit.

Fischlein springen, still genießen,

endlich da, die Frühlingszeit.

DIE MUSE

Was ich habe und besitze,
ist dem „Zwecke" nur von Nütze,
denn fürs Auge, schmeicheln schön,
gibt's bei mir nicht viel zu sehn.

All die Jahre immer rege,
galt mein Kurs dem Arbeitswege,
drum fürs Bilde, farbig bunt,
fehlte mir zum Kauf der Grund.

Doch ab heute, ich verspreche,
dass ich mit dem Alten breche,
und Euch sage, meiner treu,
auf die Muse ich mich freu.

DER ALTE

Gestützt auf seinem Stock,
umweht vom Wind sein Rock,
geprägt die Stirn von Falten,
es zieht zum Deich den Alten.

Steht hier seit Langem schon,
schaut aus nach seinem Sohn,
der einst vor vielen Jahren,
hinaus aufs Meer gefahren.

Nie mehr den Sohn er sah,
weiß nicht, was ihm geschah.
Hat's Meer ihn eingesogen,
hinab zum Grund gezogen?

Kein Zweifel in ihm nagt,
„mein Sohn", wenn er gefragt,
„mein Sohn, der ist am Leben",
wird er als Antwort geben.

Hält trotzig seine Wacht,

erhofft mit aller Macht,

dass jenseits von dem Meere,

sein Sohn nach Hause kehre.

HABEN

Stets war sein Streben aufs Haben gerichtet,

hatte im Leben die Güter geschichtet,

stieß an die Wolken, wurd unsagbar reich,

nun birgt eine Urne den Rest seiner Leich.

GEDANKEN UMS LEBEN

Erste Gedanken,

ums Leben, sich ranken.

Die Schritte ins Sein,

noch schwankend und klein.

Gedrosselt durch Zwänge,

erreichen sie Länge.

Versuche, sein Ahnen,

ins Reine zu planen.

Erfolgreich gemindert,

durchs Neiden behindert.

Verwirrte Gedanken,

ums Leben, lässt schwanken.

Gedrückt und zerrissen,

beraubt um sein Wissen.

Verletzte Gefühle,

missachtet mit Kühle.

Zerfressen vom Geiz,

nimmt Schönem den Reiz.

Die Stiche im Tadeln,

wie winzige Nadeln.

Liebe Gedanken,

ums Leben, nie wanken.

vertrauende Gesten,

vom liebenden Nächsten.

Verzeihende Güte,

als Trost fürs Gemüte.

Gewinnende Worte,

der netteren Sorte.

Heitres Vergnügen,

gegönnt ohne Rügen.

Gelebt ohne Streit,

bis ans End unsrer Zeit!

ZWÄNGE

Zum Wirken, selbst in Stille,

kam stets ein Kommentar,

so dass mein freier Wille,

zu wirken, frei nie war.

Frei von allen Zwängen,

seh ich als neues Ziel.

nichts soll mich mehr beengen,

der Zwänge warn's zu viel.

GEDANKEN

Manchmal gleiten mir Gedanken,

sehnsuchtsvoll in andre Sphären,

losgelöst aus ihren Schranken,

so als wenn sie Vögel wären.

Und ich hör sie reklamieren,

wie beschwingt in höchsten Tönen,

jeder lässt sein Wort passieren,

so als würd man lustig klönen.

SCHWEIGEN IST GOLD

Du musst nicht immer meinen,
Dein Wort hat stets Gewicht,
als kluger Mensch erscheinen,
der nur alleine spricht.

Wer mag so jemand leiden,
der's ewig besser weiß.
Man wird alsbald Dich meiden,
denn sowas stört den Kreis.

Versuch's doch mal mit Schweigen,
hältst schlicht Dein Mundwerk still,
um einfach mal zu zeigen,
es geht, wenn man nur will.

GERÜCHTE

Kritik an andrer Schaffen,

für Menschen oft Genuss,

die gern auf alles gaffen,

was sie nicht kümmern muss.

Wen hat's nicht schon getroffen,

von sich erstaunt gehört,

man wär für alles offen,

was die Gemeinschaft stört.

Das Üble an Gerüchten,

kreist ungeprüft dahin,

Befriedigung von Süchten,

scheint mir zu sein der Sinn.

Ob Jene, die hier hetzen,

schon je einmal bedacht,

dass Lügen, die verletzen,

sehr vielen Leid gebracht?

Drum, würde ich wohl meinen,

sei stille Du und schweig,

bedenk Dein Wort im Reinen,

nur hetzen wäre feig.

GOLDREIF

Goldreif ziert,

Meute giert,

Rute piert,

Opfer stiert,

echauffiert,

liquidiert.

NUR DIE HARTEN

Wenn richtig, was der Macho sagt,
„nur die Harten in den Garten",
ist doch logisch, dass man fragt,
wo verbleiben dann die Zarten?

Sind's nicht wir, millionenfach,
die sich für die Harten schinden,
um ihr Ego dumm und flach,
mit Lorbeer zu umwinden?

Harte warn's zu jeder Zeit,
die in Kriege sich verstiegen,
meist die Zarten weit und breit,
sah man tot im Felde liegen.

Gärten, wo die Harten sind,
sollt man tunlichst meiden,
keiner braucht wie ich es find,
durch solche Kerle leiden.

BRUDERSTREIT

Ich wehre mich, willst Du mein Land,
denn das wird nicht geschehen.
Zerreißt Du jetzt das Bruderband,
so wirst im Kampfe zu mir stehen.

Der Vater hat es so bestimmt,
als er dem Tod ins Antlitz sah.
Dass jeder seine Hälfte nimmt,
und Frieden sei, für immerdar.

Oh, Bruder, Neid und Gier verstellt,
Dein Blick auf das, was uns geprägt.
Wir lernten, nicht dass Land und Geld,
ist das, was unser Herz bewegt.

Wir sind die Herrn der guten Tat,
woll'n stets das Volk geleiten.
Es wünscht von uns, den guten Rat,
und nicht, dass wir uns streiten.

Drum Bruder, kehr in Dich zurück,
sei standhaft, stolz, zeig Willen.
Zerstöre nicht uns Brüder Glück,
um Deine Gier zu stillen.

Oh, Bruder, komm an meine Brust,
kein Zwietracht soll uns trennen.
Bin willens und verspür die Lust,
Dich Bruderfreund zu nennen.

FREUNDSCHAFT

Aus trautem Freundeskreis,
wie jeder von uns weiß,
dass, wäre man in Nöten,
sich Hilfen für uns böten.

Durch inn're Ruh gestärkt,
bleibt keinem unbemerkt,
das Geben und sich Stützen,
zum Wohl der Freundschaft nützen.

Zu jeder Stund und Zeit,
ein Freund steht gern bereit.
Auch ohne groß zu fragen,
viel Last mit Dir zu tragen.

Doch zeig Dich treu und wahr,
im Handeln immer klar,
dann wird's auf Dauer heißen,
dies Band kann nie zerreißen!

NUR DIE RUHE

Immer langsam, nur nicht eilen,
alles schön aufs Jahr verteilen,
bloß nicht hetzen, nie zu viel,
sonst verliert das Aug sein Ziel.

Sollt ich hören, diese Rufe,
Alter komm und schwing die Hufe,
werd ich grade, richt mich auf,
halte fest am Langsamlauf.

Meine Ruhe liegt im Wesen,
hab's gemächlich mit dem Lesen,
niemals wieder fliegt ein Wort,
mir aus meinem Hirne fort.

Seh gelassen wildes Treiben,
Hektik lass ich lieber bleiben,
halt dich fern, rät mein Verstand,
steh drum gern am Außenrand.

Wirkt mein Dasein eher träge,
denk ich doch auf meinem Wege,
liegt der Schlüssel meiner Kraft,
im unverbrauchten Lebenssaft.

CHAOS

Viele Menschen fragen sich,
seltsam, immer trifft es mich.
Wo ich gehe oder stehe,
Chaos lebt in meiner Nähe.

HERBSTLICHE GEFÜHLE

Ich habe geschaffen,
gewirkt jeden Tag.
Verspüre Erschlaffen,
ertrags ohne Klag.

Fühl Glieder versteifen,
wie müde mein Blick.
Ich muss wohl begreifen,
es gibt kein Zurück.

Die Jahre verwehen,
es herbstet in mir.
Muss irgendwann gehen,
doch noch bin ich hier.

Noch regen sich Säfte,
kein Ende in Sicht.
Halleluja ihr Kräfte,
verlasset mich nicht.

STÜRME

Es peitschen die Stürme,
die Wellen wie Türme,
mit kräftiger Hand,
ans Ufer und Strand.

Sie treiben die Schiffe,
zerschellend auf Riffe,
die sinken zum Grund,
mit klaffender Wund.

So brechen sie Deiche,
das Wasser entweiche,
mit grausiger Macht,
hinaus in die Nacht.

Sie knicken die Bäume,
an Hängen und Säume,
durch rohe Gewalt,
entwurzelt ihr Halt.

Sie fegen die Dächer,

wie wirbelnde Fächer,

von stützender Wand,

ins taumelnde Land.

KAMERADEN

Auf, Kameraden, kapiert,

dass fürs Volke ihr marschiert!

Jetzt liegen erschossen vom Feinde,

die Körper in fremder Gemeinde.

NOVEMBER

Das letzte Blatt verweht,
die Äste feucht und leer.
So vieles Grüne geht,
man hofft auf Wiederkehr.

Der Himmel scheint entgleist,
die Felder grau und leer.
All Wärme ist verweist,
man hofft auf Wiederkehr.

Kein Vogel singt sein Lied,
die Wipfel still und leer.
Gen Süden sie es zieht,
man hofft auf Wiederkehr.

Den Menschen scheinst so grau,
das Land wirkt öd und leer.
Aufs Frühjahr bau und schau,
und hoff auf Wiederkehr.

WEIHNACHTSLICHT

Fröstelnd schritt ich durch die Gassen,
trist und finster war die Nacht.
Würd sie gern erstrahlen lassen,
hab ich so für mich gedacht.

Wünschte drum, ich wär dies Würmchen,
welches glüht und Licht entfacht.
Säße droben auf 'nem Türmchen,
leucht herab mit aller Macht.

Weihnacht strahlt im hellen Lichte,
ach, wie wohlig würd's Euch sein,
Vater, Mutter, Kind und Nichte,
wärmen sich in meinem Schein.

Strahlen sprüh ich, Funken stoben,
wenn sie da, die Heilge Nacht.
Alles würd mein Lichtlein loben,
stolz mein kleines Herze lacht!

DIE UNENDLICHKEIT

Erheb Dein Haupt zum Himmelszelt,
erahn die Dimensionen.
Sieh über Dir die Sternenwelt,
davon gibt es Millionen.

Unendlich weit, ins Nichts verliert,
sich unser aller Geisteskraft.
Kein Menschenhirn hat je kapiert,
wo dies System sich Grenzen schafft.

ICH FRAG DICH

Ich frag Dich Herr, oh selig,

wie geht es Deinem Sohn?

Verraten wurd er schmählich,

für schnöden Geldes Lohn.

Er wurd ans Kreuz geschlagen,

mit einer Dornenkron.

Man hörte ihn nicht klagen,

vernahm kaum einen Ton.

Ich frag Dich Herr, voll Scham,

wie groß war nur Dein Zorn?

Als man sein Leben nahm,

obwohl für uns gebor'n.

Hast Du gewollt dies Ende,

so grausam, voller Qual?

Wurd Jesus zur Legende,

fürs göttliche Fanal?

Ich hoffe, ihm geht's gut,
all Wunden sind geheilt?
Wir danken für sein Mut,
bis in die Ewigkeit.

UNTER EICHEN

Wenn jemals ich muss weichen,
von dieser schönen Welt,
begrabt mich unter Eichen,
weil mir der Baum gefällt.

ANGEKLAGTER

Sie steh'n hier nicht von ungefähr,
schon gar nicht zum Vergnügen:
Ein jeglicher Beweis gibt her,
ihr Motto heißt betrügen.

Was dieses so verwerflich macht,
all Opfer sind die Schwachen.
Ihr Hab und Gut, ham sie verbracht,
um sich's bequem zu machen.

Und darum sind wir heute hier,
Ihr Handeln zu entlarven.
ich setz ein Ende Ihrer Gier,
und werde sie bestrafen.

Als Richter fällt es mir nicht schwer,
laut Urteil zu verfügen,
vier Jahre Knast für sie mein Herr,
das sollte wohl genügen.

DER ROTE AUS BORDEAUX

Beim Kerzenschein, ein Glasel Wein,

ein Roter aus Bordeaux,

der stimmt Euch auf die Liebe ein,

macht sinnlich Euch und froh.

Entfacht die Glut, in Eurem Blut,

der Rote aus Bordeaux,

dann braucht zum Schmusen keiner Mut,

dann will er's sowieso!

STRICH UND BOGEN

Hier ein Strich und dort ein Bogen,
schon kommt Wort für Wort geflogen,
kurz gerückt zum rechten Platz,
fertig ist der kluge Satz.

Wär zu schön, könnt's so gelingen,
Satz für Satz ins Glied zu bringen.
Jedem Reimer wird schnell klar,
wer so denkt, der ist ein Narr.

DER GURT

Natürlich weiß ein jeder,
ein Gurt die Hose hält.
Wenn der auch noch aus Leder,
sie garantiert nicht fällt.

Es sei, man hätt gefastet,
verlor extrem Gewicht.
Dann wär der Gurt entlastet,
und hält Entspanntes nicht.

TÖNE

Hell erklingt der Knabenchor,
hell, mit Stimmchen zart.
Ton für Ton hebt sich empor,
auf wundersame Art.

Tief durchdringt ein Männerbass,
der Knaben süßer Sang.
Er brummelt ohne Unterlass,
bis in den Kellergang.

Den Knabensang so rein man hört,
den Bass so schräg und tief.
Ein jeder spürt, das Brummeln stört,
der Bass liegt gänzlich schief.

DER KUCKUCK

Ein Kuckuck legt ganz ungeniert,
voll Tücke und Intrige,
dem Nachbarn, was sich gar nicht ziert,
sein' Nachwuchs in die Wiege.

Der wundert sich, warn's vorher drei,
nun sind's der Eier viere.
Das brüt' ich mit, dies eine Ei,
bevor's mir noch erfriere.

MAL SO, MAL SO

Fällt Dir, wenn der Morgen dämmert,
auf den Kopf ein Taubenschiss.
Sicher ist, es wirkt belämmert,
doch das Glück ist Dir gewiss.

Tritt Dein Schuh vorm Kaffeetrinken,
in ein Haufen Hundegold,
wird Dir bald die Bude stinken,
hier war's Glück Dir nicht sehr hold.

OMA UND KLEIN HELGE

Du Helge, muss nich machen,
das bricht Dir doch entzwei.
Sonst haste bei den Sachen,
nix Heiles mehr dabei.

Du musst das Dingens pflegen,
nich immer so drauf kaun.
Schön in die Ecke legen,
und nich mi'm Hammer haun.

Du Helge, nich im Haufen,
da find's es dann nich mehr.
Muss Oma wieder kaufen,
läuft sich die Hacken quer.

Du Helge, nich mi'm Daumen,
der macht die Zähne schief.
Da kriegst 'nen krummen Gaumen,
siehst aus wie Helge Pief.

Mi'm Löffel muss nich musen,
nich immer im Spinat.
Das macht doch grüne Blusen,
nu hör ma auf mein Rat.

Du Helge, nich so wetzen,
sonst fällst Du auf die Schnut.
Da kannst Dich arg verletzen,
am Ende läuft noch Blut.

Nu, hopp zu mir, mein Kleiner,
jetzt les ich Dir was vor,
vom kleinen Mäuschen Heiner,
nu spitz mal ganz Dein Ohr.

Du Helge, nich so kneifen,
das tut der Oma weh.
Da krieg ich rote Streifen,
auf die ich gar nich steh.

Nu lass mal Dein Gestrampel
und halt die Füße still.
Vor lauter Rumgehampel,
verlier ich schon die Brill.

Nö, Helge, muss nicht weinen,
die Oma meins nich so.
Nu komm mal her, mein Kleinen,
gleich bist Du wieder froh.

Schau, Helge, kannst sie sehen,
die Mama ist zurück.
Wie schnell die Stund vergehen,
Du goldig süßes Stück.

Nu muss sich Oma sputen,
man Tschüss mein Jung, bis bald.
man könnte fast vermuten,
die Oma fühlt sich alt.

PAULCHEN

Ein Mensch voll Herzensgüte,
gern lachen mag der Paul.
Ist schlichte im Gemüte,
schaut aus wie Nachbars Gaul.

Trägt's Pfeifchen im Gebisse,
zerkaut vom gelben Zahn,
ein Leibchen voller Risse,
wie einst schon trug sein Ahn.

Wirkt groß wie eine Stange,
für Bohnen, sein Gestell.
Die Nas ein recht Geprange,
nach unten ihr Gefäll.

Die Haut zerfurcht von Falten,
ein Buckel ziert das Kreuz.
Es dampft um ihn im Kalten,
wenn er ins Tüchlein schnäuzt.

Seim Schuhwerk, oh mich dauert,

fehlt obendrauf die Kapp.

Sein Großzeh listig lauert,

wenn Paul sich setzt in Trab.

Stets Tröpfchen an der Nase,

ein Sprudeln aus dem Mund,

ums Mundwerk manche Blase,

spricht er ins weite Rund.

Ach, Paulchen, bist nicht schöne,

und doch ein netter Mann.

Kenn niemand in der Szene,

der Dich nicht leiden kann.

EIN SOMMERTAG IM GARTEN

Ich mag an meinem Garten,
wenn's wächst, blüht und gedeiht.
Schau auf die Pflanzenarten,
die schmückt ihr Sommerkleid.

Was niemals ich verhehle,
tauch ab in diese Welt,
zu streicheln meine Seele,
wenn Sehnsucht mich befällt.

Dann schreit ich ab die Wege,
blick gern in jedes Beet,
und seh, dank guter Pflege,
wie's schön in Blüte steht.

Doch nicht nur ich alleine,
bewunder diesen Ort,
manch Brummer, groß wie kleine,
trägt's Blumennektar fort.

Auch Vöglein zieht's in Scharen,
in dieses schöne Reich,
ihr fröhliches Trillaren,
klingt stimmungsvoll und weich.

Am Teich die Frösche quaken,
die Grillen zirpen laut.
Aufs Blumgesteck am Haken,
sogleich ein jeder schaut.

Das Fischlein zieht die Kreise,
mit ruhiger Eleganz.
Zum Antrieb dieser Reise,
benutzt der Fisch den Schwanz.

Alsbald im hohen Bogen,
der Rehbock springt herein.
Er wurde angezogen,
von Rosenknospen fein.

Ein Eichhorn auf dem Zweige,

putzt sauber seinen Schweif.

Sein Vorrat geht zur Neige,

es guckt, ob schon was reif.

Die Nacht folgt nun dem Tage,

das Weichen fällt mir schwer.

Doch komm ich ohne Frage,

gleich morgen wieder her.

DAS EIS

Sie brennt so stark, die Sonne,
es ist so schrecklich heiß.
Der Knab verspürt die Wonne,
auf einen Becher Eis.

Ich will ihn schnell verschlingen,
das wird mir wohl gelingen.

Der Knabe schlingt und mampfet,
vergönnt sich keine Ruh.
Ein Früchtchen sich verkrampfet,
verschließt sein Halsloch zu.

Er möchte nach Atem ringen,
doch will's ihm nicht gelingen.

Ein Doktor springt und eilet,
erkennt des Knaben Not.
Er hat ihn schnell geheilet,
sonst wär der Knabe tot.

Nun kann er wieder springen,
aus Brust und Halse singen.

VOR DEM HAUSE...

Vor dem Hause steht klein Matze
um den Hals sein Sabberlatze,
jener weist auf mancherlei,
vom Milchbrei, Saft und Frühstücksei.

Auch die kleinen Pustebacken,
sind verschmiert bis an den Nacken,
und an Händchen zart und drall,
zeigt sich Ei und Breibefall.

Das kann Matzchen gar nicht stören,
lässt uns laut sein Stimmchen hören,
sprudelt, babbelt, ruft da, da,
seine Welt ist rein und klar.

Schau, jetzt stampft er mit den Beinen,
barfuß auf den Kieselsteinen,
doch weil diese glatt und rund,
fällt er auf sein Hosenbund.

Jeder irrt, der sollt nun meinen,

unser Held würd lauthals weinen.

Nein, ihn schützte, sind wir froh,

Pampers um den kleinen Po.

ALS BABY

Als Baby fehlte mir fürwahr,

der Bart und meinem Haupt das Haar.

Doch heut, nach circa zwanzig Jahr,

sprießt mein Haar ganz wunderbar.

REINER

Als einst mich grüßte Steiner,
da spürte ich's sofort,
er sprach, beim „Hallo Reiner",
so komisch aus das Wort.

Ich bin da sehr sensibel,
wenn es um „Reiner" geht,
bin wachsam und penibel,
wenn wer den Nam verdreht.

Am Tonfall kann ich hören,
wie spricht wer „Reiner" aus.
Nuancen nur, die stören,
die hör spontan ich raus.

Für mich ist äußerst wichtig,
dass „Reiner" steht für „rein".
Ein Rainer ist doch richtig,
kann auch ein Nachbar sein?

Drum schreibt und sprecht mich „Reiner",

mit „E" und nicht mit „A".

So klingt's doch recht viel feiner,

mit „A" klingt's sonderbar.

HÜLSEN

Labern, quatschen, diskutieren,

jeden Satz mit Hülsen zieren,

und am Ende ist doch klar,

bleibt es so, wie's immer war.

ICH BIN EIN HUND

Warum sollt ich mich verstellen,

denn ich bin ein Hund.

Darum tu ich gern mal bellen,

wird mir was zu bunt.

Immer soll ich ohne murren,

tun, was ich nicht will.

Deshalb aus Protest mein Knurren,

weil ich hass den Drill.

Auch dies doofe Stöckchen schmeißen,

man, wie ist das öd.

Spür's an meinen Gliedern reißen,

wenn ich renn wie blöd.

Lästig auch dies Gassi gehen,

bin hier nie allein.

Möcht nicht, wenn sie alle sehen,

wie ich heb mein Bein.

Ständig auf Kommandos hören,

so geht's jeden Tag.

Keiner fragt, ob sie mich stören,

und ob ich sie mag.

Werde heut genüsslich maulen,

das aus gutem Grund.

Rühr mich erst nach zehnmal Kraulen,

denn das hält gesund.

VERLIEBT

Ein Kranich steht voll Trauer,
im Teich auf einem Bein.
Der Storch, ein ganzer Schlauer,
spricht wissend auf ihn ein.

Du liebst das Fräulein Hase,
dies haarige Getier,
mit kleiner Stuppelnase,
und Beinen deren vier?

Nun sollst Du von mir hören,
nimm Abstand von dem Plan,
das Häschen zu betören,
aus blindem Liebeswahn.

Das Häschen frisst doch Möhrchen,
und lebt in einem Bau,
hat riesengroße Öhrchen,
und trägt ein Fell zur Schau.

Merk auf, mein lieber Kranich,
es tut mir für Dich leid,
wir haben gar kein Haar nicht,
dafür ein Federkleid.

Das brauchen wir zum Fliegen,
hinaus aufs weite Meer,
und überhaupt, uns liegen,
die Fische zum Verzehr.

Dein Schnabel ist so spitzig,
wie Deine Beine lang.
Das findet es nicht witzig,
da wird's dem Häschen bang.

Nun streif sie ab, die Trauer,
das solltest Du jetzt tun,
dann legst Dich auf die Lauer,
nach einem Kranichhuhn.

HIEBE FÜR DIE TRIEBE

Auf dem Teller,

tief im Keller,

liegt die Wurst in ihrer Pracht.

Kommt ein junger,

Knab mit Hunger,

stiehlt sie fort in dunkler Nacht.

„Sieh, das Übel,

hol's der Dübel",

ruft entsetzt die Witwe Maus,

„die mit Kümmel,

nimmt der Lümmel,

unser bestes Stück im Haus."

„Jene Sache,

schreit nach Rache,

dieses schwör ich Dir, mein Sohn.

Werde winken,

mit dem Schinken,

ja, dann kriegst den rechten Lohn."

Liegt in grauer,

Nacht auf Lauer,

bis der Knab im Keller steht.

Nun gibt's Hiebe,

für die Triebe,

dass ihm Hörn und Sehn vergeht.

FISCH MIT PFIFF

Nun sag mir mal, Frau Nogel,
was ist denn mit dem Fisch.
Der riecht ja wie ein Vogel,
ich glaub, der ist nicht frisch.

Was Sie nur immer jammern,
mein Fisch ist Qualität.
Der lagert nur in Kammern,
wo Hein die Hähnchen brät.

Das ist die neue Welle,
Fisch mit Hahngeruch,
geht weg in Blitzesschnelle,
dank unserem Versuch.

Nun wissen sie's Herr Meier,
hier herrscht ein neuer Trend.
Nicht mehr die alte Leier,
mit Fisch, den jeder kennt.

DER GEIER

Der Geier kreist in ruhiger Bahn,
schaut gierig auf die Beute.
Ein Zebra hat sich wehgetan,
als es vorm Löwen scheute.

Dem Geier gilt des Zebras Ruf:
„Ich grüße Deinen Magen.
Vertrat mir nur den Vorderhuf,
hier gibt es nichts zu nagen."

„Okay, mein Freund, es ist ja nur,
die Sorge ums Revier.
Ich bin der Hüter der Natur,
entsorg die Reste hier."

DER LUDE

Hakennase, kühl sein Blick,
der Ring im Ohr besonders schick,
gegeelt sein Haar, das offene Hemd,
bedenklich überm Bizeps klemmt.

Eng die Hose, spitz die Schuh,
der Absatz hoch, gehört dazu,
Rolex ziert das Handgelenk,
mit Kettengold den Hals behängt.

Im Oberkiefer, gold, ein Zahn,
weißgebleicht die untre Bahn,
Bräune von der Sonnenbank,
wird jeden Tag aufs Neu betankt.

Hamburg Slang mit kessem Schnack,
die Kippen aus dem Camelpack,
das Geld gerollt im Hemdenfach,
wer Kontos führt ist oberflach.

Vor dem Haus sein Cadillac,
stets parat zum Image-Zweck.
Abends fährt er pünktlich los,
sammelt ein das Liebesmoos.

Kohle raus und nichts versteckt,
wer's nicht macht, ist angeeckt.
Hat schon manche Dirn verhaun,
was nötig scheint für das Vertraun.

NICHTS LÄUFT

Ich steh vor dieser Rinne,
mein Druck ist riesengroß.
Ich hab nur eins im Sinne,
wie werd ich den jetzt los.

Seit Wochen quält mich Brennen,
ein Rinnsal fließt meist nur.
Ich wünscht, es würde rennen,
doch stellt mein Hans sich stur.

Ich drücke, tu und mache,
mein Gott, was geht das schwer.
Ein Hauch von einer Lache,
fließt langsam vor mich her.

Da tritt an meine Seite,
ein kräftiger Gesell.
Der schifft auf voller Breite,
ein heftig strömend Quell.

Er scheint mit sich im Reinen,

so sorglos wirkt sein Schwall.

Der Aufprall auf den Steinen,

klingt wie ein Wasserfall.

Ich will es nicht verhehlen,

um mich steht es nicht gut,

muss jedes Tröpfchen zählen,

statt dass sie läuft, die Flut.

Drum auf zum Urologen,

ich hoffe, dass er's schafft,

das Lämpchen, was verbogen,

zu drehn auf volle Kraft!

ICH SUCHE DICH

Ich bräucht zu meinem Wohle,

ein Weib von edlem Stand,

mit Sparbuch voller Kohle,

und Haus in Hinterhand.

Dein Antlitz sollt entzücken,

Dein Wesen zart und fein,

figürlich mich gern schmücken,

mit Maßen nicht zu klein.

Ich wünsch mir Dich im Alter,

von circa dreißig Jahr,

ein netter, bunter Falter,

so hätt ich's gern fürwahr.

Wenn Hobbys Dich vergnügen,

wie etwa Tanz und Sport,

ich denk, es würd genügen,

Du schaffst in einem fort.

Denn Schaffen und Dein Streben,
wird sicher gut entlohnt,
so dass mein ruhiges Leben,
auch weiterhin geschont.

Ein Graus sind mir Emanzen,
die nichts im Zaume hält,
deren Kampf um Toleranzen,
stets auf die Nerven fällt.

Nun sehn Sie, meine Damen,
wie ich als Mann gestrickt,
mein kultureller Rahmen,
ist wahrlich nicht verzwickt.

Ich spreche hier ganz offen,
wie keiner sonst verfährt,
ich suche, so mein Hoffen;
die Frau, die mich ernährt.

COOL MAN

Ich spreng hier jeden Rahmen,
man hat mich voll im Blick.
Besonders bei den Damen,
besticht mein Charme und Chic.

Ich trag die Haare offen,
die Welle frisch vom Föhn.
Ich weiß, es macht betroffen,
mein Gott, was bin ich schön.

Ich pflege meine Zähne,
mein Körper ist stahlhart.
Wenn ich am Tresen lehne,
dann kommt das Volk in Fahrt.

Ich kenne meine Stärken,
ein Schwächeln gibt es nicht.
Das wird man schnell bemerken,
mein ist das Rampenlicht.

Der Neider wird wohl sagen,
nimmt der das Mundwerk voll.
Das kann ich gut ertragen,
ich bin ja auch so toll.

Bin stets ein edler Ritter;
das mag noch jede Frau.
Ich liebe Glanz und Flitter,
für meine „ One Man Show".

Ich fahr 'nen Superschlitten,
das Teil ist megascharf.
Da lässt sich keine bitten,
doch nur nicht jede darf!

Und will sich einer reiben,
schiebt sich in mein Revier.
Der wird nicht lange bleiben,
den nehm ich ins Visier.

Ja, Leute, ich bin eigen,

hab Feuer und Geschick.

Gehör nicht zu den Feigen,

ich hab den Stahl im Blick.

Mich konnt noch keine zähmen,

mich Karl, stark wie ein Baum.

So manche wird sich grämen,

für die bleib ich ein Traum.

Ihr wollt nur mich, den einen,

drum Mädels, schaut nur her.

Nicht drängeln, meine Kleinen,

hier steht das Eisdessert.

KARNEVAL

„Helau, Alaaf", ist Karneval,
die Narren dieser Welt,
werden jetzt in großer Zahl,
ins Fernsehbild gestellt.

Mit „humba, humba", „ritsche ratsch",
vertreibt man uns die Zeit,
meint lustig ist ein jeder Quatsch,
und sorgt für Heiterkeit.

Hat einer einen Witz gemacht,
hört man sogleich, „schittbumm",
das zeigt uns an, jetzt wird gelacht.
Mensch Leute, sind wird dumm.

Ein Sänger singt laut „trallala",
grölt kräftig in den Saal,
tritt ab mit einem „Rumtata",
ein Ende hat die Qual.

Jetzt wird es spritzig, „huppsasa",

wir sehen ein Ballett,

ganz vorne tanzt ne „Trullala",

mein Gott, was ist die fett.

Zum Schluss der Chor singt „sassa",

es klingt so schön und laut,

dass noch der letzte Hasser,

mit auf die Pauke haut.

Es läuft am End mit „rumdideldo",

die Narrenschar hinaus.

Traurig mancher, andere froh,

doch die Sitzung ist jetzt aus.

DAS GENIE

Ich trage sehr an meinem Geist,
mein großes Wissen mich zerreißt.
Ich bin so klug, als niemand hier,
und das ihr Leut belastet „mir".

Wie unermesslich mein Genie,
das mir der Schöpfer einst verlieh.
„Von daher" drückt die Bürde schwer,
so klug zu sein als „einzigster".

Wenn ich dereinst im Himmel sitz,
verweht der Erd mein Geistesblitz.
Daran gedacht, schwillt mir der Hals,
so darf's nicht enden, „keinstenfalls":

Erinnert an Euch großen Sohn,
ein Monument, dass tät es schon.
Das wär die rechte Ehr für mich,
da niemand klüger „als wie ich".

Geschrieben auf dem Niveau der
Umgangssprache!

NUR EIN BISSCHEN BOWLE

Ich sitze hier und grinse,
es ist ja auch so schön.
Kann, wenn ich rüber linse,
die Inge doppelt sehn.

Das kommt wohl von der Bowle,
da trank ich ein paar Glas.
Je mehr ich davon hole,
macht mir das Leben Spaß.

Ich sitze hier und singe,
aus meiner tiefsten Brust
und meine Braut, der Inge,
vergeht die ganze Lust.

Mensch Inge, lass das Nölen,
komm, sing doch einfach mit.
Ein Gläschen noch zum Ölen,
dann singen wir zu Dritt.

Doch Inge ist nicht gnädig,
find lästig mein Gesang.
Nun bleib ich eben ledig,
vorbei ist Streit und Zank.

Sitz immer noch und grinse,
jetzt ist es doppelt schön.
Kann, wenn ich rüber linse,
von Inge nichts mehr sehn.

BIER AUS HOPFEN

Ich trink gern edle Tropfen,
aus fruchtig, mildem Wein.
Doch heut war's Bier aus Hopfen,
das in mich lief hinein.

Es rann mit wahrer Wonne,
gluck, gluck, die Kehl herab,
und als verging die Sonne,
da war ich müd und schlapp.

Nun tret ich auf der Stelle,
und fühl mich dumpf und schwer.
Wo ich doch sonst so helle,
ist's nun im Kopf so leer.

Ich weiß wohl viel zu sagen,
beredt in meinem Wort,
schieß sonst aus allen Lagen,
jetzt ist die Sprache fort.

Wo steckt nur all mein Wissen,
mein Geist und mein Esprit.
Ich fühl mich so besch....eiden,
kann gar nicht sagen wie.

FREIBIER

Wenn die Laune tief im Keller,
„Freibier" hilft als Stimmungsheller,
denn ein Blondes frisch vom Fass,
finden alle Säufer krass.

AUF DEM HOF

An der Mauer, wo die Scheune
ihre Tür,
steht der Bauer mit 'ner vollen
Pulle Bier.
Er hat Durst und darum gönnt
er sich 'nen Schluck,
und von Ferne hört man nur
sein Gluck, Gluck, Gluck.

Auf dem Hofe, wo der Mist sein
Haufen hat,
steht der Alte ohne Zähne und
schnackt platt.
Er hat Zeit und darum schnackt
er gerne da,
und von Ferne hört man nur
sein Bla, Bla, Bla.

In dem Schuppen, wo die Hühner

ihr Revier,

sucht die Betty nach den Eiern,

findet vier.

Sie braucht mehr und darum

schimpft sie, faules Pack,

und von Ferne hört man laut

ein Gack, Gack, Gack.

Auf der Weide, wo die Kühe

fressen Gras,

steht die Liese in der Pfütze und

wird nass.

Sie ist sauer, darum brüllt die

dumme Kuh,

und von Ferne hört man laut,

ihr Muh, Muh, Muh.

LIEBER EINE KUH

Nun stell Dir vor, Du wärst ein Schwein,

das rosig, dick und rund.

Es käm schon bald ein Metzger her,

der tut Dir lächelnd kund:

„Dein Leben ist dem Mensch geweiht,

jetzt kommst Du um die Eck."

Du sagst: „Was kann ich Schwein dafür,

dass ich so prall voll Speck.

Nun steck mal Deine Keule ein,

mir geht's doch grad so gut.

Denn täglich roll und suhl ich mich,

weil das mich freuen tut.

Wenn ich Dir etwas raten kann,

dann schlacht heut eine Kuh.

Bei mir gehst aus der Tür hinaus,

schließt hinter Dir schön zu."

Jawohl und Tschüss!

DER TAPFERE KLAUS

Ja, wenn ich nicht täusche,
dann ist da doch wer.
Ich hör doch Geräusche,
wo kommen die her?

Nur sicher ist eines,
ich bin hier allein.
Doch nun jagt Gemeines,
mir Angst ins Gebein.

Mir schlottern die Knie,
vom Schweiße getränkt,
am Kragen ich zieh,
weil's Hemd mich beengt.

Der Mund wird mir trocken,
die Augen stehn starr.
Was kann nur so schocken,
was macht mich zum Narr?

Ich sollt mich wohl grämen,

so grollt es in mir.

Grad sah ich als Schemen,

ein Mäusegetier.

Ein winziges Mäuschen,

mit Hunger für zwei,

es macht mich zum „Kläuschen",

mit dem „Klaus" ist's vorbei.

SYMBIOSE

Das Reiten ist die Symbiose,
zwischen Pferd und Reiterhose.
Denn, nur in ihr gibt Schenkeldruck,
dem lahmen Gaul den rechten Ruck.

Nicht die Peitsche, nicht die Zügel,
sind des Pferdes Antriebsflügel.
Nein, es ist, man muss ihr danken,
der Hose Druck auf Pferdeflanken.

ROSAMUNDE

In traute Damenrunde,

sprach einst der Julius.

Oh, holde Rosamunde,

gewährt mir einen Kuss.

Ein Kuss nur würd mir reichen,

es wär sonst jammerschad,

könnt's Küsschen nicht vergleichen,

mit dem von Edelgard.

DIE HOCHZEITSFEIER

Mein Gott, was ist das öde,
der Nachbar lud mich ein.
Das ist der große Spröde,
er will sich heute frei'n.

Sie sei was richtig Nettes,
so schwärmt er von der Braut.
Ich glaub, die mag nur Fettes,
und platzt bald aus der Haut.

Na ja, was soll's mich kümmern,
bin hier ja nur der Gast.
Was soll ich lange wimmern,
das mit den Zweien passt.

Nun hebt sie an die Feier,
das Paar versucht ein' Tanz.
Doch diesem Rumgeeier,
fehlt Pep und Eleganz.

Passiert ist es beim Drehen,

sie stürzen ins Gewühl,

man sieht nur Röcke wehen,

hört bersten das Gestühl.

So geht sie hoch die Laune,

der Anhang kommt in Fahrt.

Worüber ich nicht staune,

der Schnaps steht ja parat.

Nun tanzen alle hopsasa,

solang die Schwarte kracht.

Der Bräutigam grölt trallala,

bis tief in diese Nacht.

Die pralle Braut leicht schwächelt,

es packt sie die Moral.

Die Schwiegermutter lächelt,

„mein Kind, das ist normal".

Schon singen die Kollegen,

dem Brautpaar noch ein Lied.

Auf Sonne folgt der Regen,

wie uns das Lied verriet.

Mensch, hinten ist Getümmel.

Ich denk, da haut sich wer.

Da kommt der Nachbarlümmel,

dem Opa in die Quer.

Auf so was kann man setzen,

man weiß, es gibt noch was.

Bald fliegen sie, die Fetzen,

denn ohne, macht's kein Spaß.

Nun folgt die Schunkelphase,

grad wird die Sau geschlacht.

Von jedem, auch der Base,

wird kräftig mitgemacht.

„Polonäse", schreit Herr Lange,
„kommt, schließt Euch alle an."
Ganz vorne in der Schlange,
da läuft der Ehemann.

Schwankend, weil er völlig breit,
durchpflügt er das Lokal.
Die Ehefrau hysterisch schreit:
„Mensch, achte auf den Pfahl!"

Der Ruf erreicht nicht seinen Kopf,
ist einfach so verhallt.
Drum trifft es ihn, den armen Tropf,
mit nackter Urgewalt.

Die Nase platt, das Auge dick,
verbogen sein Gesicht.
So sitzt er nun mit trübem Blick,
begreift das Ganze nicht.

Der Abschied naht, vorbei das Fest,
der Anhang schiebt nach Haus.
Am Tresen hängt ein letzter Rest,
und leert die Flaschen aus.

Ich grüße meine Nachbarsleut,
habt Dank für diese Nacht.
Ich hab mein Kommen nicht bereut,
und herzlich viel gelacht.

SINN-LOS

Mit den Ohren kannste hören,

mit den Augen kannste sehn.

Mit dem Singen kannst betören,

mit dem Hirn kannst was verstehn.

Mit den Armen kannste rudern,

mit den Fingern greifst Du zu.

Blasse Wangen kannste pudern,

mit dem Kopf legst Dich zur Ruh.

Mit dem Fuße kannst Du treten,

mit dem Popo machst Du „pup",

mit den Händen kannst Du beten,

mit der Hüfte kriegst ʻnen Schub.

Mit der Elle kannste messen,

mit der Faust haust auf den Tisch.

Mit dem Munde kannste essen,

nur am Freitag, da gibt's Fisch.

Von dem Buckel kannste rutschen,

in das Kreuz kriegst einen Tritt.

Einen Bonbon kannste lutschen,

das Papier lutscht man nicht mit.

Mit der Nase kannste riechen,

mit den Haaren kannste nix.

Mit den Knien kannste kriechen,

auf der Schleimspur geht das fix.

Mit dem Bizeps kannste spannen,

mit den Blicken geht das auch,

und das Bade nimmst in Wannen,

wo Du sauber wäscht den Bauch.

Mit den Poren kannste schweißen,

und die Galle hat 'nen Stein.

Deine Nerven können reißen,

doch das muss ja nicht so sein.

Mit der Stimme kannste sprechen,

und die Sehne kriegt 'nen Riss.

Wenn die Zähne Dir zerbrechen,

trägst im Munde ein Gebiss.

Ist der Hals Dir angeschwollen,

war der Ärger wieder dick.

Mit der Schnute kannste schmollen,

weil im Hause richtig Zick.

Mit der Hacke kannste pieken,

mit den Zehen tanzt Ballett,

durch die Brille kannste kieken,

und die Backen sind zu fett.

Deine Haut kannste verbrennen,

bis sie dunkelrot und gar,

mit den Beinen kannste rennen,

umso schneller bist Du da.

Ja, Dein Herz, das kann Dir brechen,

wie Dein Magen es oft tut,

mit der Kehle kannste zechen,

und im Hintern haste Glut.

Mit dem Finger kannste bohren,

mit dem Geiste geht das nicht.

Ich hab meinen Geist verloren,

darum schrieb ich dies Gedicht.

NACHWUCHS FÜR DEN ORIENT

Es lebt im fernen Orient,

ein greiser alter Scheich,

und wie man es von Scheichen kennt,

ist er zum Stinken reich.

Er wohnt in Prachtpalästen,

aus Gold und Edelstein,

und gönnt sich nur vom Besten,

was teuer, schick und fein.

Voll Müßiggang die Tage,

doch jetzt wird's ihm gewahr.

Wer folgt mir nach, die Frage,

noch ist kein Knabe da?

Ein Harem voller Weiber,

nenn hundert Frauen mein.

Doch keiner dieser Leiber,

gebar ein Knab mir klein.

Kein Mann in diesen Mauern,
der herrscht, wenn ich nicht bin?
Das muss ich sehr bedauern,
nur Weiber macht kein Sinn.

Beim näheren besichten,
es muss hier was geschehn.
Ich kann es nicht mehr richten,
mir bleibt mein Stab nicht stehn.

Drum spricht er zum Eunuchen,
verkünd des Herrschers Leid,
das wir die „Rechten" suchen,
der Harem steht bereit.

Doch möcht ich darauf dringen,
ich suche „edle" Herrn,
die Weiber „gern" bespringen,
von achtern und von vörn.

Ein jeder kommt in Frage,
sucht „Sie" in aller Welt.
Es hilft in dieser Lage,
wer sich dem Harem stellt.

So fühlt sich durch die Kunde,
berufen manch ein Mann,
der glaubt der Frauenrunde ,
es gut besorgen kann.

Schon streben wahre Recken,
voll Ungeduld und Hast,
den Harem einzudecken,
hinein in den Palast.

Hier sitzt so alt und müde,
der Scheich auf seinem Thron.
Ich mach, so ruft wer rüde,
sogleich dir einen Sohn!

Ein Perser ist der Schreier,
von stattlicher Figur.
Macht hier auf dicke Eier,
ist doch ein Blender nur.

Hervor tritt nun der Torge,
vom Wikingergeschlecht.
Mein Heimatland ist Norge,
mich ziert ein groß Gemächt.

Mit diesem kann ich immer,
zu jeder Tageszeit.
Wohlan zeigt mir die Zimmer,
mein Torge steht bereit.

Da kommt der Sven in Rage,
verletzt sein Schwedenstolz.
Nun hört, was ich hier sage,
viel größer ist mein Holz.

Ich habe tausend Schreiben,
von Frauen, die voll Dank,
mir ewig treu wohl bleiben,
ihr ganzes Leben lang.

Genug geprahlt, ihr Wilden,
ich bin der smarte Pierre.
Ich stamme aus Gefilden,
da kommt die Liebe her.

Gehör zu den Franzosen,
die neckisch und verspielt,
sich trennen von den Hosen,
auch wenn die Gute schielt.

Das trifft den Giovanni,
tief in die Römerbrust,
denn hier gilt sein Johanni,
als Magier der Lust.

Ich steh in einer Reihe,
mit Caesar, Mark Anton,
erhielt die höchste Weihe,
zum Zeuger der Nation.

Da stampfte im Stakkato,
„olé!" der Spanier rief:
Mein Name ist Renato.
bin feurig und aktiv.

Ich bin ein Hüftendreher,
und schaff der Schüsse vier.
Ein wahrer Liebessteher,
drum nennt man mich den Stier.

O, sorry, welche Helden,
so spricht der Brite Brian.
Hier hab ich nichts zu melden,
mein Stecker ist zu klein.

Doch geb ich zu bedenken,
ich mag es stets korrekt.
Erst Blumen werd ich schenken,
dann einer weggesteckt.

Auch Jan der Niederländer,
tritt höflich vor den Scheich.
Er hat 'nen Dauerständer,
der Bursch wird niemals weich.

Am Holzschuh wird's wohl liegen,
dass ewig ich erregt.
Sie tun die Glocken wiegen,
wenn man sich drin bewegt.

„Hellas!", so dröhnt des Griechen Gruß,
durch diese heil'gen Hall'n.
Ich bin bereit mit Hochgenuss,
in jedes Bett zu fall'n.

Ich stieg von dem Olymp herab,
um Hüglein zu besteigen.
Mein bestes Stück macht niemals schlapp,
das will ich, Herr auch zeigen.

Dawai, dawai, der Russe drängt,
wann geht's hier endlich los.
Ich spür wie sich mein Zepter senkt,
er braucht jetzt seinen Stoß.

Wir Russen handeln! reden nicht,
wir packen einfach zu.
Und wenn getan die Mannespflicht
begeb ich mich zur Ruh.

Ein Jüngling schwebt nun in den Raum,
es weht kokett sein Schopf.
Ach welcher von euch „Reckentraum"
möcht Spaß mit meinem Kopf?

Wer möcht mit mir nicht Dinge tun,
was Lust und Freude macht.
Und das nicht nur am After noon,
nein, nein, auch in der Nacht.

Die Reckenschar mault irritiert:
Was bist denn du für'n Fall?
Wir sind hier nur auf Frau'n fixiert,
nicht auf 'nen Tuntenball.

Der Scheich mit froher Stimme spricht:
Ihr Hengste habt mein Dank.
Ihr alle seid, nur einer nicht,
dabei mit eurem Drang.

Doch fehlt nur noch ein edler Herr,
ein „Deutscher" müsst es sein.
Der plant und regelt den Verkehr
in allen Kämmerlein.

„Attacke!" fegt's wie Donnerhall
den Männern ins Gehör.
Ich regel diesen heiklen Fall,
mein großer Scheich, ich schwör!

Bin Gernot aus der Hansestadt.
St. Pauli, Reeperbahn.
Seit Jahren läuft hier alles glatt,
dank meinem Liebesplan!

Zwei Könner noch hab ich dabei
den Charlie und den Klaus.
Die powern hier, mein Scheich verzeih,
den Girls die Seele raus!

Und reicht nicht aus dies Angebot,
was hier mit Gliedern steht.
Ein Gernot hilft aus jeder Not,
eh man den Kopf gedreht.

Kameraden, so mein Plan verläuft,
heut geht es früh ins Bett.
Dass keiner heimlich sich besäuft,
sonst kriegt er weg sein Fett.

Denn morgens mit dem Hahnenschrei
wird jeder prompt geweckt,
nach Duschen, Deo, Frühstücksei,
die Lanzen aufgereckt.

Marschieren wir in Reih mit Glied,
hinüber zum Serail
und bieten mit 'nem frohen Lied
den Frauen uns dort feil.

Erwarte von Euch strammen Jungs,
dass jeder drei beglückt.
und tags darauf mit großem Schwungs,
wird weiter vorgerückt.

Weil, Leute, dies ist unsre Chance,
zu zeigen unsre Kraft.
Wir sorgen hier für die Balance
mit unsrem Lebenssaft.

So läuft es ab, die nächste Zeit
bis jeder, jede nahm.
Und steht ein Glied mal nicht bereit,
dann schlagt sofort Alarm!

Denn Eggi, Axel, Pille, Ritz,
die Jungs mit viel Gefühl,
sie stürmen wie der Kugelblitz,
sich schnellstens ins Gewühl!

Mein Scheich, so glaube fest daran,
ab morgen geht's hier rund.
Wie sorgen für 'nen kleinen Mann,
vernehme meine Kund!

Stimmt an mit mir das Heldenlied,

das uns zusammen schweißt.

Auf, dass uns nie ein fremdes Glied

aus diesem Harem schmeißt!

Aber eins, aber eins, das ist hier Fakt.

kein Recke kneift vor diesem großen Akt.

GESUNDER RAT VON DR. HEIL

Für jedes Leiden steht parat,
Dr. Heil mit Rat und Tat,
und er tut mit Freuden kund,
nur durch mich bleibt ihr gesund.

Wenn ich jemand traurig seh,
empfehl ich stets Zitronentee.
Denn, wie sagt ein weiser Spruch,
Trauer sorgt für Mundgeruch.

Tränt das Auge, leckt die Nas,
dann liegt es an der vollen Blas.
Nagt Fußpilz an der Zehenhaut,
wurd der Fuß im Bad versaut.

Furunkeln, Warzen, Leberfleck,
reibe ein mit Fleckenweg.
Durch Fleckenweg, was gern verwand,
wird alles gründlich ausgebrannt.

Popel, Buhmann, Nasenstein,

drückt aufs Hirn, das muss nicht sein.

Kleiner Finger, eins, zwei, drei,

holt heraus die Schweinerei.

Nach dem Mahl, das Pöchen grinst,

ist nur gut fürs Darmgespinst.

Denn ein Furz zur rechten Zeit,

hat Dich schnell vom Gas befreit.

Bei Völlerei und Fressattack,

wird Dein Bauch zum Dudelsack.

Dieser passt zum Xylophon,

da spielt er dann den tiefen Ton.

Weil Sehnenreizen, Muskelklemmen,

leider die Bewegung hemmen,

nicht verzagen, bleibe cool,

setz Dich in den Hängestuhl.

Der Achseldachs und Stinkefuß,

ist für niemand ein Genuss.

Schau, bevor es jemand grault,

ob Du nicht schon angefault.

Auch das Braune auf dem Hals,

weist den Weg zum Ohrenschmalz.

Stopf den Fluss mit Watte zu,

schon hast Du auf ewig Ruh.

Grinsen Zähne kariös,

macht das keine Braut nervös.

Halt die Klappe lieber dicht,

dann sieht man Deine Stummel nicht.

Tiefes Husten, Brockendruck,

treib hervor mit einem Ruck.

Spuck's hinaus mit zartem Schwung,

schon spürst Du die Linderung.

Nutzt die Kraft der Wadenwickel,

ganz speziell für Eiterpickel.

Denn die Nässe regt gut an,

dass das Dingens platzen kann.

Haarausfall und kahle Schädel,

trifft den Kerl, meinst nie die Mädel.

Auf dem Körper, welch Verdruss,

gibt es Haar im Überfluss.

Nagt der Kummer an der Psyche,

schrei sie raus die derben Flüche.

Sag dem Boss, er sei verdammt,

und Montag gehst zum Arbeitsamt.

Wird Dein Blickfeld milchig weiß,

ist es selten Schnee und Eis.

Hör mein Rat in dieser Stund,

kauf Dir einen Blindenhund.

Fühlst Dich irre, hörst Gestöhne,
tiefes Grunzen, fremde Töne.
Das ist „real", Du Blödmann, schau,
du hörst ein Freund mit Deiner Frau.

Liebe Leute, lasst Euch sagen,
jeder Mensch hat Heilungsfragen.
Wen nichts zwickt, spürt keine Not,
ist laut Regel, lang schon tot.

MIT HUMOR

Ich las aus meinem Buche,
heut vielen Menschen vor.
Die ich auf ihrer Suche,
berührt hab mit Humor.

Manch einem lief 'ne Träne,
weil er so sehr gelacht.
Am Rand ich es erwähne,
das hätt ich nie gedacht.

Erreicht ist nun das Ende,
für heute ist hier Schluss.
Ich drück noch letzte Hände,
auf Wangen manchen Kuss.

Genieß nun bis zur Reute,
was mir der Abend gab.
Die vielen Komplimente,
sind meiner Seele lab.

SANITÄR

In das Reich des Sanitären,
taucht man ein in Atmosphären,
wo's die Menschen schnell begehren,
Darm und Blase zu entleeren.

DIE MÜCKE

Kein Insekt, sobald es flügge,
sticht so fies wie eine Mücke,
denn der Angriff dieser Brut,
gilt allein nur Deinem Blut.

GENECKT

Einst zärtlich geneckt,
für die Ehe entdeckt.
Nun liegen zwei Fette,
im krächzenden Bette.

DER GÖTTERPFEIL

Der Götterpfeil drang tief ins Herz,
viel tiefer als er's müsst.
Jetzt spürt er Druck, empfindet Schmerz,
sobald er herzt und küsst.

GENUSS

Nach reichlich Genuss,
ein End im Verdruss.
Jetzt suhlt der Genosse,
wie's Schwein in der Gosse.

DAS RIND

Das Rind mag's im Wintern
am liebsten geschrotet,
bevor dies vom Hintern,
nach außen gekotet.

OLÉ

Torero, olé, olé, olé.
Ich glaub, Dir tut was weh.
Traf nicht des Stieres Horn,
exactement von vorn?

MUTIG

Ein rechter Mann als mutig gilt,
der ohne Ach und Wehe,
allein im Rund sein Essen isst,
gewürzt mit Knoblauchzehe.

EIN ELEMENT

Ein Element, was jeder kennt,
mir lustvoll durch die Kehle rennt.
Wasser, Wasser, oh wie gut,
es mich doch erfrischen tut.

Ein Element, was jeder kennt,
lustvoll in dem Ofen brennt.
Feuer, Feuer, oh wie gut,
wärmt mich Deine heiße Glut.

Ein Element, was jeder kennt,
mir lustvoll in die Lunge rennt.
Luft, Luft, oh wie gut,
stärkst Du mich und reinst mein Blut.

Ein Element, was jeder kennt,
man lustvoll unsere Mutter nennt.
Erde, Erde, oh wie gut,
gibst mir Brot und Lebensmut.

RESTAURANT EDELROSE

Der Reiseleiter spricht ermahnend ins
Mikrophon:

„Liebe Reisegesellschaft!
Bevor wir in das Restaurant Edelrose
einkehren, möchte ich Ihnen noch kurz ein
paar Verhaltensregeln mit auf den Weg geben:
Betreten sie das Restaurant unauffällig und
leise. Vermeiden Sie unbedingt hektische
Bewegungen.
Die drei Hunde im Foyer bitte nicht streicheln.
Der Wirt ist Kampfhundezüchter und er
möchte, dass die Tiere ihre Aggressivität
nicht verlieren!
Wenn Sie Ihre Plätze eingenommen haben,
studieren Sie aufmerksam die Tischdecke.
Mangels Speisekarte orientiert man seine
Bestellung anhand der Flecken auf selbiger.
Bevorzugt ist das Jägerschnitzel mit

Pommes rot/weiß. Gut zu erkennen an den dunklen Soßenflecken.

Frischer Spargel mit Schinken und Sauce Bernaise wären dann die helleren Flecken.

Die Tischblumen dienen hier als Vorspeise.

Dressingsoße wird auf Wunsch gereicht.

Etwaige strenge Gerüche müssen Sie als Würzbeilage betrachten,

für das spätere, leicht fade Essen.

Bier, Orangensaft und Apfelschorle, erhältlich zum gleichen Preis, bei gleichem Geschmack.

Getränke aller Art, werden mit gleicher Temperatur serviert. Die Kühlanlage ist außer Betrieb.

Das hat natürlich den Vorteil, Sie können Ihre Cola auch als Kaffee „danach" trinken.

Erwarten Sie keine Freundlichkeit und Dank, denn was man nicht kennt, kann man nicht geben.

Beschweren Sie sich nicht über das Essen.

Es nützt nichts, denn der Koch übt noch.

Für die Weintrinker sei erwähnt, es gibt nur

Weißwein. Wer allerdings einen Roten möchte,

sollte sich an einen Tisch mit dunkel-

roter Tischdecke setzen.

Achtung!

Fliegen, Wespen und anderes Getier nicht

verscheuchen. Sie sind gewollt. Dienen als

Nahrung für die Schlangen in den Terrarien.

Ein kurzes Wort an die Herren:

Beckensteine in den Urinaden nicht entfernen.

Ist nicht als Nachtisch gedacht. Den gibt es in

Schälchen am Tisch serviert!

Wer lauter grölt als der Wirt, fliegt raus!

Bitte die Kellnerinnen nicht betatschen. Sie

gehören zum Wirt.

Er ist ehemaliger Preiscatcher und Mormone!

Achten Sie bitte gut auf Ihre Garderobe.

Das einzige, was hier haftet, ist der Kaugummi unter der Tischplatte!

Handtücher, Seife und Toilettenpapier sind Fremdwörter. (Leider spricht man hier keine fremde Sprache).

Übrigens, hätte man einen fantastischen Ausblick auf den schönen See, wenn Sie sich den Misthaufen davor wegdenken würden.

Lustige Gesänge sind nicht gestattet. Das schafft Misstrauen. Man könnte meinen, Sie fühlen sich so wohl, dass Sie hier übernachten wollen.

Lustigkeit ist man hier nicht gewöhnt.

Bloß nicht lachen. Der Wirt hat O-Beine und eine Glatze. Er würde denken, man lacht über ihn.

Natürlich auch das Flüstern, wegen besagter Komplexe, unterlassen.

Verzichten Sie auf Sympathiebekundungen.

Drum sagen Sie nie, das Essen hätte Ihnen geschmeckt. Das wird hier sofort als Lüge aufgefasst.

Der Wirt hasst Schleimer!!

Also nochmal in kurzen Zügen:

Essen Sie zügig und mutig, vermeiden Sie Pausen.

Bezahlen Sie bar und rechnen niemals nach.

Entfernen Sie sich mit dem nötigen Ernst und ohne Murren aus dem Lokal.

Bei etwaiger Übelkeit halten wir die diversen Medikamente im Bus für Sie bereit.

Empfehlen Sie niemals dieses Restaurant,

denn das bringt nur Unruhe und mehr Gäste.

Das ist nicht gewollt!

Nun wünsche ich Ihnen Guten Appetit!

.....UND SONSTIGE WEISHEITEN

Eines ist wohl sonnenklar,
Mücken stechen jedes Jahr.

Wespen auf dem Tortenstück,
hält Dich schlank und macht nicht dick.

Fällt im Herbst ein Ast hernieder,
tröste Dich, der fällt nie wieder.

Wer hat dies nicht längst gewusst,
nach Juli folgt sofort August.

Wenn im Mai der Flieder blüht,
ist der Frieder sehr bemüht.

Kriecht der Marder unters Dach,
liegt man viele Nächte wach.

Ob weiße oder Ringelsocken,
können keine Bräute locken.

Liegt auf den Achseln alter Schweiß,
bleibt man einsam, wie man weiß.

Jodelt vom Berge ein Bayer ins Tal,

dann lehrt die Geschichte, der war einmal.

Liebestöter, hört mein Tipp,

sind die Slip aus weißem Ripp.

Weiße Socken, Muskelshirt,

niemals eine Frau betört.

Schulter, Rücken, Brauenhaar,

vertreibt die holde Frauenschar.

Nägelkauen, Karies,
stärkt die Zähne, ganz gewiss.

Lederhose, Knickebocker,
sind der letzte Modeschocker.

Bei Warzen, Pickel, Krähenfüß,
sagen alle Mädel Tschüss.

Wampenträger, Stiergenick,
sind weit entfernt vom großen Glück.

Bei Glatzenbildung generell,

ist zu kurz das Bettgestell.

Blanke Kabel aus der Wand,

sind Garant für Sonnenbrand

Linksherum im Kreisverkehr,

verkürzt das Leben leider sehr.

Ist die Wanne voller Schaum,

sieht man seine Füße kaum.

Zeigt der Sommer klare Nächte,
sie man gern im Heu verbrächte.

Weiser Rat tut denen gut,
den es fehlt an Edelmut.

Wer „Schaber" nie mit „nack" vereint,
ist zu ernst, wie es mir scheint.

Wer neidvoll schaut zum Nebenmann,
weiß nicht, was er selber kann.

Ein tiefer Blick ins Sonnenlicht,
hilft dem Aug beim Blicken nicht

Der Dunkelheit fehlt, wie gemein,
jede Form von Sonnenschein.

Kein Maler malte je ein Akt,
war der Akt nicht völlig nackt.

Ein Drama ist, man will es so,
Kummer, Leid und niemals froh.

Hiebe auf den nackten Po,
machen Sado-Maso froh.

Endlich sind die Haare weg,
schont den Kragen vor dem Speck.

Führt der Weg zu schnell nach oben,
wird meist das Hirn nicht mitgeschoben.

Ein schneller Griff zum Portemonnaie,
stoppt der Liebsten Tränensee.

Der Bungeespringer wäre klug,
er hätt am Bein 'nen Gummizug.

Nichts ist so verlässlich,
wie die scheinheilige Empörung.

Dem runden Kopf, so wie es heißt,
fehlt allzu oft ein wacher Geist.

Die Weisheit der Weisen entspringt ihrer
Phantasie, die nicht erlebte Praxis für einen
weisen Rat zu übersetzen.

Wer Worte hat, der möge sie benutzen,
doch niemals so, um andre zu beschmutzen.

Birkenwasser, Gel im Haar,
erklärt, warum er einsam war.

Wer Wissen mit Durst und Hunger verbindet,
leidet im Alter an geistiger Verfettung.

RÄTSEL

Ein Rätsel sorgt oft für Verdruss,
weil man dabei denken muss.
Doch sei pfiffig, bleibe wach,
schau mal bei der Lösung nach.

ADSCHÜSS

Erst stolpert das Herze,
dann knicken die Füss.
Du rufst noch im Schmerze:
„Das wars wohl, Adschüss!"